ICH HABE
EIN
Buch
FÜR *dich*
GESCHRIEBEN

ICH HABE EIN *Buch* FÜR *dich* GESCHRIEBEN

riva

Das bin ich, *der Autor:*

So nenne ich DICH:

Und so nennst du MICH:

Hier haben wir uns *kennengelernt:*

....

....

ZUSAMMEN sind wir seit: ....

Das habe ich gedacht,
als ich dich *das erste Mal* sah:

Ich *liebe* DICH ...

♡ über alles

♡ jeden Tag ein bisschen mehr

♡ mehr als Eis mit Keksteig

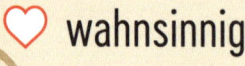

♡ mehr als Fußball

♡ wahnsinnig

Mein *Lieblingsbild* von uns beiden

Unsere BUCKET LIST

Diese Dinge möchte ich gern
noch mit dir erleben:

♡ ....
....

♡ ....
....

♡ ....
....

♡ ....
....

Diese Länder der Welt haben wir schon *gemeinsam* bereist

Ich höre **DIR** wahnsinnig gern zu, wenn du davon erzählst:

Ich muss *immer lachen,* wenn du ...

🌰 ....

....

🌰 ....

....

🌰 ....

....

🌰 ....

....

🌰 ....

....

Das kannst **DU** viel besser als ich

• ....
....

• ....
....

Und das hier hast *du* mir erfolgreich beigebracht

• ....
....

• ....
....

Diese 5 Charaktereigenschaften *mag ich* am liebsten an dir:

1 ....

....

2 ....

....

3 ....

....

4 ....

....

5 ....

....

Unser gemeinsames
Geheimnis

....
....
....
....
....
....

Wenn ich *reich* wäre, würde ich das hier für *uns* kaufen:

🍑 ....
....

🍑 ....
....

🍑 ....
....

🍑 ....
....

Wenn *ich* einen Tag lang **DU** wäre, würde ich das hier machen:

....

....

....

....

Wenn **DU** einen Tag lang *ich* wärst, würdest du wahrscheinlich ...

....

....

....

....

Du hast ja keine Ahnung, *wie oft* ich an dich denken muss.

So gut kannst du ...

mich zum Lachen bringen

1 ♡　♡　♡　♡　♡　♡　♡　♡　♡　♡ 10

kochen

1 ♡　♡　♡　♡　♡　♡　♡　♡　♡　♡ 10

mich beruhigen

1 ♡　♡　♡　♡　♡　♡　♡　♡　♡　♡ 10

singen

1 ♡ ♡ ♡ ♡ ♡ ♡ ♡ ♡ ♡ ♡ 10

leidenschaftlich sein

1 ♡ ♡ ♡ ♡ ♡ ♡ ♡ ♡ ♡ ♡ 10

mich ermutigen

1 ♡ ♡ ♡ ♡ ♡ ♡ ♡ ♡ ♡ ♡ 10

zuhören

1 ♡ ♡ ♡ ♡ ♡ ♡ ♡ ♡ ♡ ♡ 10

Danke, dass DU ...

....

....

....

....

....

....

....

....

....

....

Du beschwerst dich (fast) nie über

....

Du bleibst auch ruhig, auch wenn

....

Du gibst nicht auf, selbst wenn

....

Du hast mir verziehen, dass ich

....

DU bist toll.

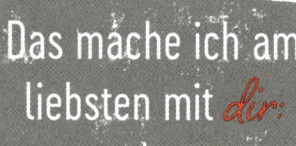

Das mache ich am liebsten mit *dir:*

Chillen

Serien schauen

Essen gehen

Freunde treffen

Sex haben

Sport

Feiern

Frühstücken

Reden

Musik hören

....

Ich könnte mir vorstellen, *du* zu sein ist ganz schön ...

....

....

....

....

....

....

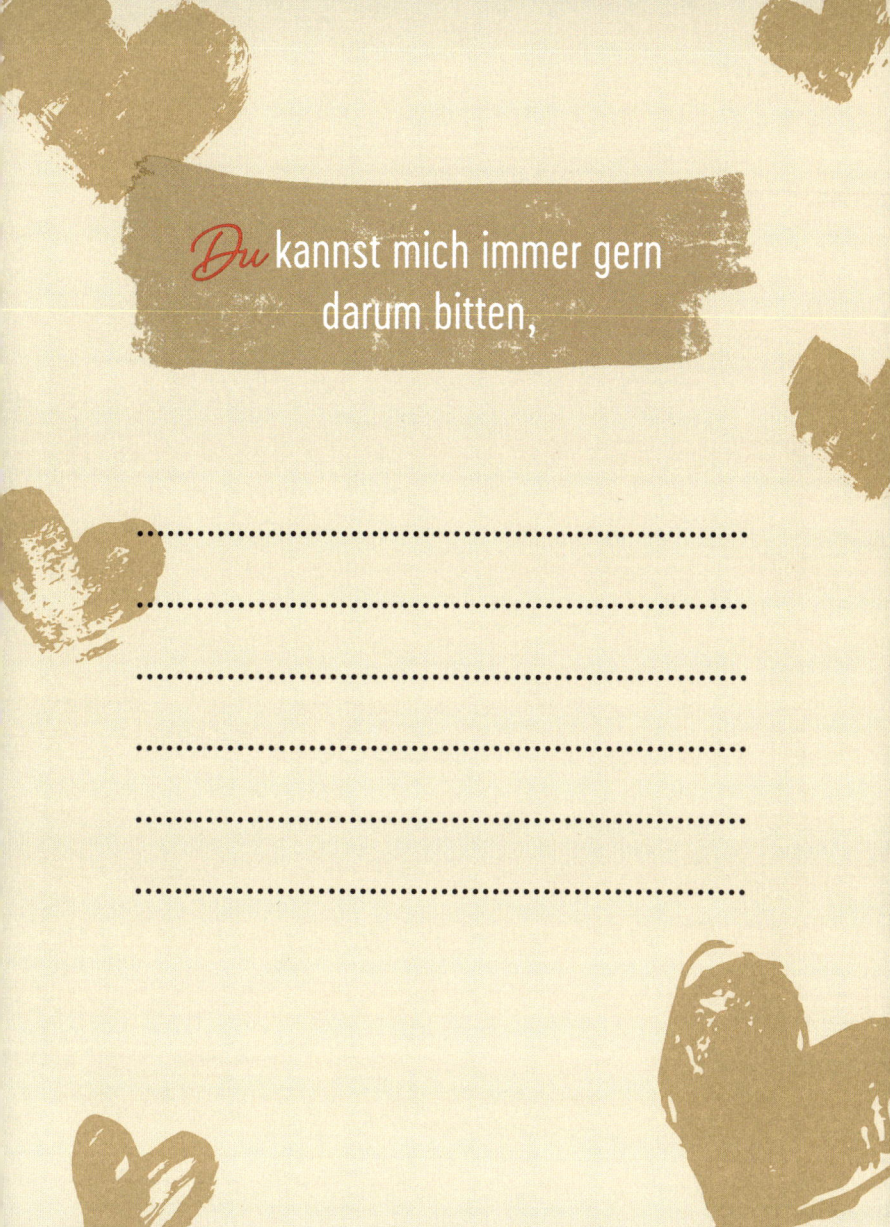

Du kannst mich immer gern
darum bitten,

....

....

....

....

....

....

... und
plötzlich handelte
jedes Liebeslied
von dir.

Das wollte ich **DIR** schon immer mal sagen:

Danke, dass DU ...

den Müll rausbringst

lecker kochst

dein Leben
mit mir teilst

da bist

....

....

Unser *gemeinsames Leben* in zehn Jahren stelle ich mir so vor:

....

....

....

....

....

Diese 5 Dinge haben die gleiche Farbe wie *deine Augen*:

⭐ **1** ....

....

⭐ **2** ....

....

⭐ **3** ....

....

⭐ **4** ....

....

⭐ **5** ....

....

So gut kannst DU ...

tanzen

Geschichten
erzählen

auf Menschen
zugehen

zeichnen

....

küssen

cool bleiben

Fußball spielen

....

....

Mir gefällt es, wenn **DU** das anziehst:

Ich glaube, das würde DIR
unheimlich gut stehen.

Schau mal, ich habe *dein Lieblingsessen* gezeichnet:

Wenn man einen neuen Food Trend nach *deinen Essgewohnheiten* benennen würde, hieße er so:

....

....

Diese Diät würdest du hingegen *niemals* in Betracht ziehen:

Ich kann mich noch gut erinnern,
wie du das hier ZU MIR GESAGT hast:

....

....

....

....

....

Erinnerst DU dich?

Wenn ich
BEI DIR BIN, bin ich
genau da, wo ich
hingehöre.

Unsere Playlist

....

....

....

....

....

....

....

....

Dieser tolle Song erinnert
mich *an dich:*

....

Und dieser *leider auch:*

....

In diesem Job (außer deinem jetzigen) wärst DU richtig gut:

....

....

....

....

....

Ich habe dir schon mal eine
VISITENKARTE gebastelt:

....

....

....

....

Ich verstehe bis heute nicht, wie du darin *so gut* sein kannst:

....

....

....

....

....

....

Wenn ich nicht sicher wäre, ob du selbst oder ein ziemlich identischer Klon vor mir steht, würde ich daran erkennen, dass *du es bist* :

....

....

....

....

....

....

Wenn **DEIN LEBEN** ein Buch
wäre, sollte das der Titel sein:

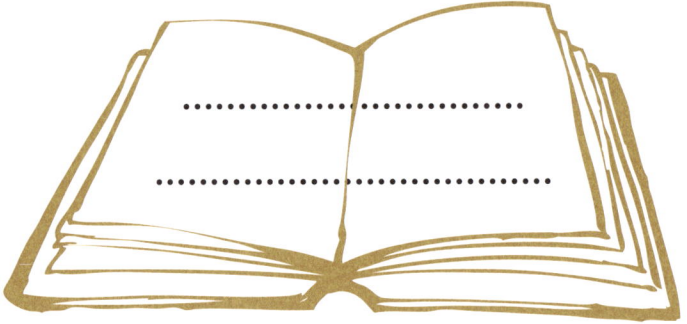

．．．．．．．．．．．．．．．．．．．．．．．．．．．

．．．．．．．．．．．．．．．．．．．．．．．．．．．

Und wenn dieses Buch verfilmt wird,
sollte **DICH DIESE PERSON** spielen:

．．．．．．．．．．．．．．．．．．．．．．．．．．．．．．．．

ZUM GLÜCK BIST DU ECHT.

Ein typischer Tag in
DEINEM LEBEN:

Laune

Zeit

Aufgrund deiner Wohlfühltemperatur schlage ich dir folgende Länder zum AUSWANDERN vor:

1 ....

2 ....

3 ....

Ich komme vielleicht sogar mit.

Wenn du lieber in der Heimat bleiben willst, könnte ich mir vorstellen, hier mit dir zu leben – es würde dir **SICHER GEFALLEN**

1 ....

2 ....

3 ....

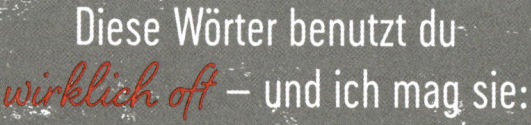

Diese Wörter benutzt du *wirklich oft* – und ich mag sie:

❤ 1 ....

❤ 2 ....

❤ 3 ....

❤ 4 ....

❤ 5 ....

Dafür kann ich mir *nicht vorstellen,* dass du jemals diese Wörter verwendest:

1 ....

2 ....

3 ....

4 ....

5 ....

Wenn wir einen Preis für die romantischste und beste Beziehung bekommen würden, wäre das meine **LAUDATIO AN DICH**

....

....

....

....

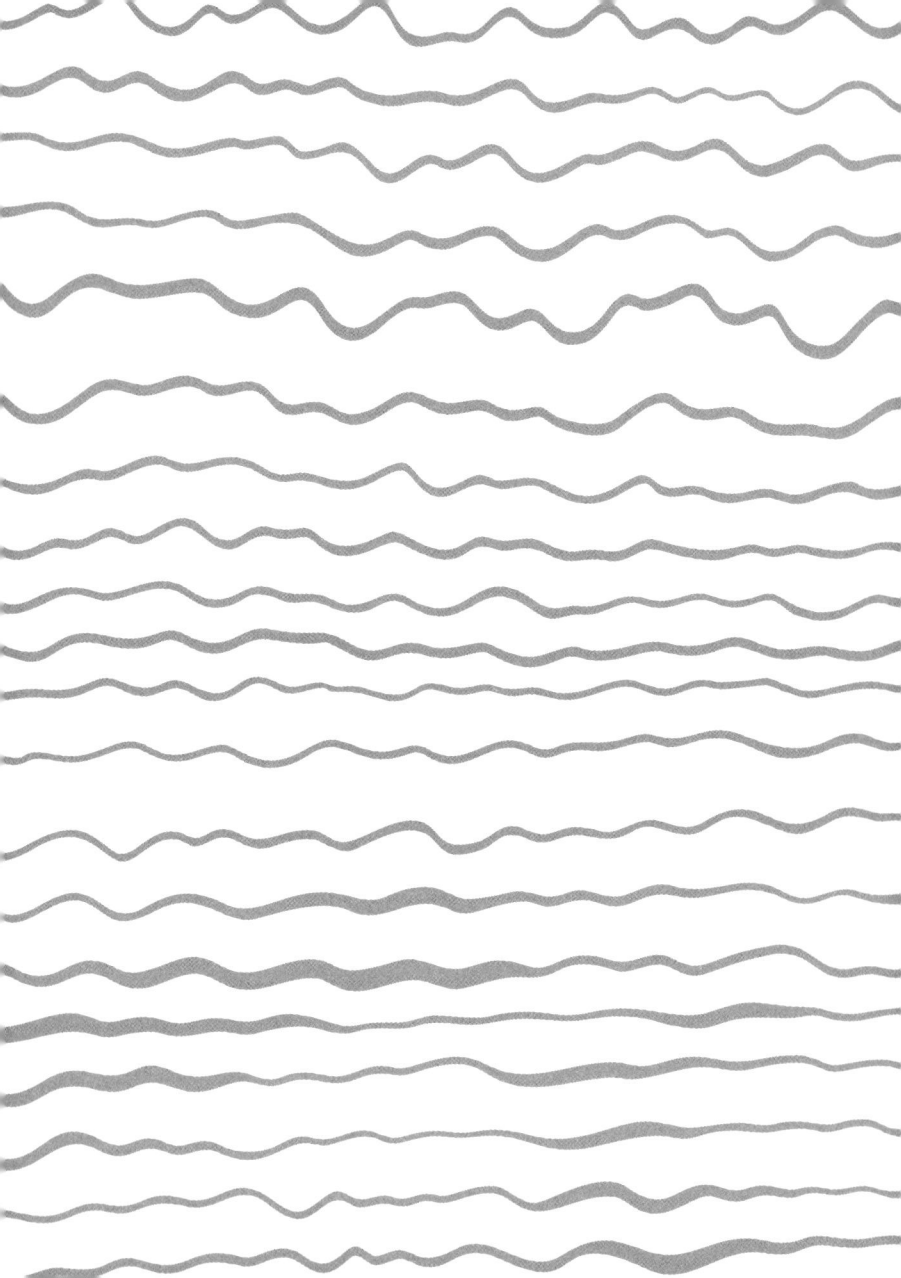

Bibliografische Information der Deutschen Nationalbibliothek
Die Deutsche Nationalbibliothek verzeichnet diese Publikation in der Deutschen National-
bibliografie. Detaillierte bibliografische Daten sind im Internet über https://dnb.de abrufbar.

Für Fragen und Anregungen
info@m-vg.de

Wichtiger Hinweis
Ausschließlich zum Zweck der besseren Lesbarkeit wurde auf eine genderspezifische Schreibweise
sowie eine Mehrfachbezeichnung verzichtet. Alle personenbezogenen Bezeichnungen sind somit
geschlechtsneutral zu verstehen.

Originalausgabe
2. Auflage 2025
© 2023 by riva Verlag, ein Imprint der Münchner Verlagsgruppe GmbH
Türkenstraße 89
80799 München
Tel.: 089 651285-0

Umschlaggestaltung und Layout: Sonja Vallant
Abbildungen Innenteil: Shutterstock.com/ Tiwat K, primiaou, Ohn Mar, Borisovna.art, Romanova,
Ekaterina, Wonder-studio, Malysheva Anastasiia, Magnia, Vlada Young, Nikolaeva, Victoruler, et-
cberry, halimqd, AlfaSmart, Kulichka, Tolchik, ARTvektor, Marish, Pyty, Solar.Garia, ghrzuzudu, pin-
gebat; Adobestock/Tatiana Kuzmina
Umschlagabbildung: shutterstock/Serebrennykova_Art
Satz: Müjde Puzziferri, MP Medien, München
Druck: Livonia Print, Riga, Lettland
Printed in the EU

ISBN Print 978-3-7423-2566-2

Wir produzieren
nachhaltig
www.m-vg.de

Weitere Informationen zum Verlag finden Sie unter

www.rivaverlag.de

Beachten Sie auch unsere weiteren Verlage unter www.m-vg.de